CADERNO DE ATIVIDADES

7

Organizadora: Editora Moderna
Obra coletiva concebida, desenvolvida
e produzida pela Editora Moderna.

Editoras Executivas:
Maíra Rosa Carnevalle
Rita Helena Bröckelmann

CB053109

5ª edição

MODERNA

© Editora Moderna, 2018

Elaboração dos originais:

Daniel Hohl
Licenciado em Física pela Universidade de São Paulo. Editor.

Flávia Ferrari
Bacharel em Ciências Biológicas pelo Instituto de Biociências da Universidade de São Paulo. Professora.

Coordenação editorial: Maíra Rosa Carnevalle, Rita Helena Bröckelmann
Edição de texto: Dino Santesso Gabrielli, Tatiani Donato
Gerência de *design* e produção gráfica: Sandra Botelho de Carvalho Homma
Coordenação de produção: Everson de Paula, Patricia Costa
Suporte administrativo editorial: Maria de Lourdes Rodrigues
Coordenação de *design* e projetos visuais: Marta Cerqueira Leite
Projeto gráfico e capa: Daniel Messias, Otávio dos Santos
Pesquisa iconográfica para capa: Daniel Messias, Otávio dos Santos, Bruno Tonel
   Fotos: Triton Submarines LLC; Auscape/UIG/Getty Images
Coordenação de arte: Carolina de Oliveira
Edição de arte: Ricardo Mittelstaedt
Editoração eletrônica: Essencial Design
Coordenação de revisão: Maristela S. Carrasco
Revisão: Beatriz Rocha, Cárita Negromonte, Cecília Oku, Fernanda Marcelino, Renata Brabo, Thiago Dias, Vânia Bruno
Coordenação de pesquisa iconográfica: Luciano Baneza Gabarron
Pesquisa iconográfica: Flávia Morais
Coordenação de *bureau*: Rubens M. Rodrigues
Tratamento de imagens: Fernando Bertolo, Joel Aparecido, Luiz Carlos Costa, Marina M. Buzzinaro
Pré-impressão: Alexandre Petreca, Everton L. de Oliveira, Marcio H. Kamoto, Vitória Sousa
Coordenação de produção industrial: Wendell Monteiro
Impressão e acabamento: EGB Editora Gráfica Bernardi Ltda
Lote: 768576 / 768577
Cod: 24112417 / 25112424

Dados Internacionais de Catalogação na Publicação (CIP)
(Câmara Brasileira do Livro, SP, Brasil)

Araribá plus : ciências naturais : caderno de
   atividades / obra coletiva concebida, desenvolvida
   e produzida pela Editora Moderna ; editoras
   executivas Maíra Rosa Carnevalle, Rita Helena
   Bröckelmann. — 5. ed. — São Paulo : Moderna,
   2018.

   Obra em 4 v. para alunos do 6º ao 9º ano.

   1. Ciências (Ensino fundamental) I. Carnevalle,
Maíra Rosa. II. Bröckelmann, Rita Helena.

18-15784   CDD-372.35

Índices para catálogo sistemático:
1. Ciências : Ensino fundamental 372.35

Cibele Maria Dias - Bibliotecária - CRB-8/9427

ISBN 978-85-16-11241-7 (LA)
ISBN 978-85-16-11242-4 (LP)

EDITORA MODERNA LTDA.
Rua Padre Adelino, 758 – Belenzinho
São Paulo – SP – Brasil – CEP 03303-904
Vendas e Atendimento: Tel. (0_ _11) 2602-5510
Fax (0_ _11) 2790-1501
www.moderna.com.br
2022
Impresso no Brasil

1 3 5 7 9 10 8 6 4 2

Imagem de capa

Submarino explorando o oceano. Devido ao desenvolvimento de novos equipamentos, áreas antes inacessíveis podem ser exploradas.

SUMÁRIO

UNIDADE 1 A VIDA NO PLANETA TERRA

- Características comuns que os seres vivos apresentam: **composição química**, **metabolismo**, **ciclo de vida**, **reprodução**, **percepção** e **interação** do **ambiente** e presença de **células**.

- O ciclo de vida apresenta **nascimento**, **crescimento**, **reprodução** e **morte**.

- Existem células **procariontes** e **eucariontes**. Nas **células procariontes**, o material genético fica disperso no citoplasma. As bactérias são exemplos de seres procariontes.

- A **célula eucarionte animal** apresenta **membrana plasmática**, **citoplasma** e **material genético** contido no **núcleo**. Já a **célula eucarionte** de **algas**, **fungos** e **plantas** possui, além dessas estruturas, uma **parede celular** externa à membrana plasmática.

- A vida na Terra originou-se cerca de 3,5 bilhões de anos atrás com a formação de estruturas simples que se organizaram formando estruturas mais complexas; esse processo se manteve até dar origem aos **seres vivos primitivos**.

- Atualmente, há **diversidade de formas de vida** no planeta.

- As teorias de **abiogênese** – que trata de geração espontânea – e de **biogênese** – para a qual seres vivos podem ser originados de outros seres vivos – são explicações sobre como a vida se propaga.

- As atividades vulcânicas, os *tsunamis* e os terremotos são resultados dos movimentos das **placas litosféricas**.

- Os continentes já foram unidos em um só bloco continental, chamado de **Pangeia**. Evidências disso são os **fósseis** de seres vivos encontrados em formações rochosas semelhantes nos diferentes continentes e o formato das costas continentais.

- Ao longo do tempo, diversos seres vivos existiram e deixaram de existir no planeta. **Extinção** é o evento no qual um grupo de seres vivos deixa de existir, e **extinção em massa** ocorre quando diversos grupos de seres vivos desaparecem do planeta.

1. Caracterize os seres vivos preenchendo o esquema abaixo com algumas de suas características.

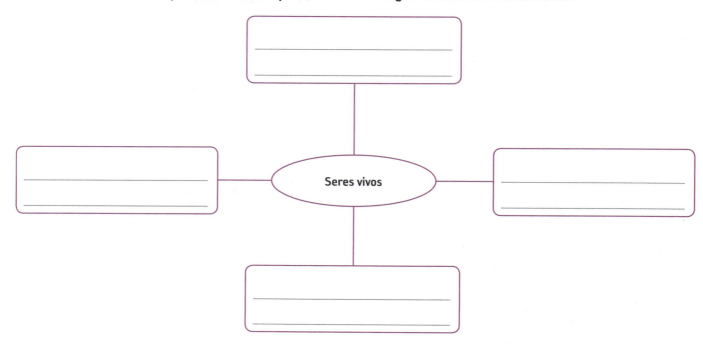

2. Identifique as etapas básicas do ciclo de vida de um ser vivo preenchendo o diagrama abaixo. Em seguida, relacione cada uma das fases com os números indicados na representação do ciclo de vida do besouro.

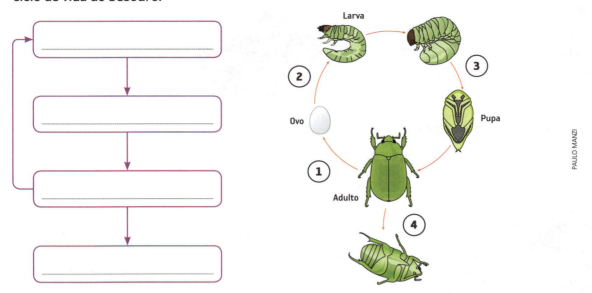

3. Complete as frases a seguir com as palavras corretas e depois preencha a cruzadinha.

1. Os seres vivos percebem o ambiente através dos _____.

2. O _____ é um conjunto de transformações químicas que ocorre em cada ser vivo.

3. As_____ são a estrutura básica da vida.

4. A _____ é a capacidade de gerar novos indivíduos.

5. Nascimento, crescimento, reprodução e morte são etapas do _____.

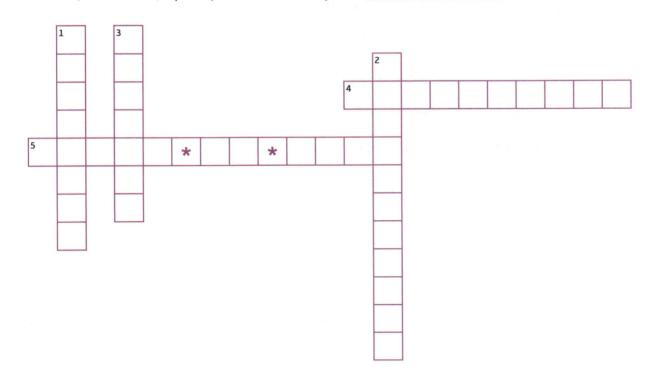

4. Identifique os tipos de células eucariontes e indique as estruturas exclusivas de cada uma delas.

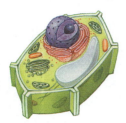 _____

 _____

5. Identifique as estruturas da célula a seguir.

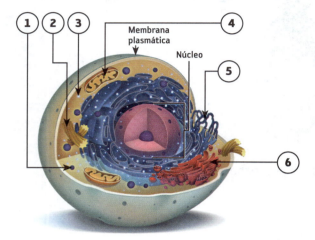

_____

_____

_____

_____

_____

_____

_____

_____

6. Utilize as estruturas identificadas na atividade anterior para completar as lacunas a seguir.

a) Os _____ são responsáveis pela produção de proteínas.

b) As _____ são responsáveis pela produção de energia.

c) Os _____ estão presentes na maioria das células eucariontes, mas estão ausentes em células vegetais.

d) Os _____ são pequenas bolsas responsáveis pela digestão intracelular.

e) O _____ produz várias substâncias, como colesterol e proteínas.

f) O _____ é formado por várias bolsas achatadas e empilhadas.

7. Observe a imagem a seguir e faça o que se pede.

a) Identifique as estruturas da célula a seguir.

b) A célula representada é do tipo _____.

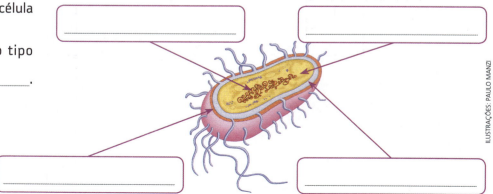

ILUSTRAÇÕES: PAULO MANZI

8. Identifique os eventos do processo de transformação da Terra relacionados à origem da vida preenchendo o esquema abaixo.

A — Fortes chuvas

B — Acúmulo da água líquida nas regiões baixas

C — Formação de estruturas simples que formaram outras mais complexas

D — Altas temperaturas

E — Evaporação da água

F — Ciclos de evaporação e precipitação

G — Choques de corpos celestes com o planeta

H — Resfriamento da superfície da Terra

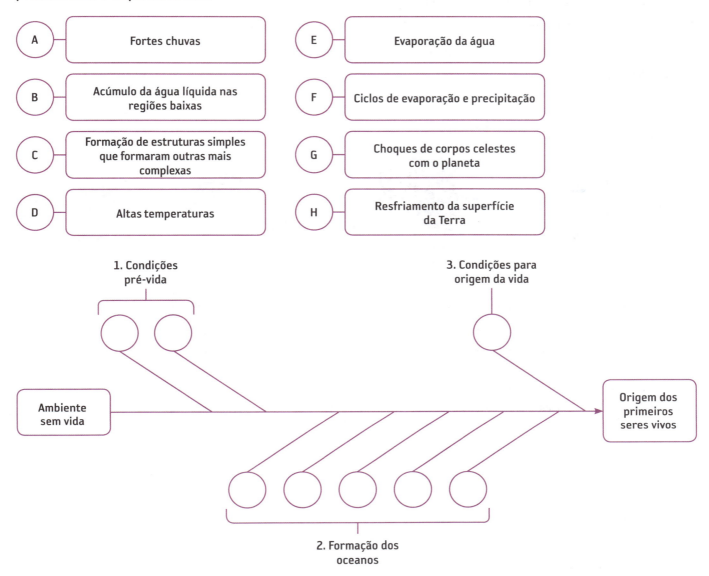

1. Condições pré-vida

3. Condições para origem da vida

Ambiente sem vida

Origem dos primeiros seres vivos

2. Formação dos oceanos

9. Observe as imagens a seguir. Depois, identifique as etapas do processo de transformação da Terra nomeando-as e ordenando-as.

ILUSTRAÇÕES: PAULO MANZI

Fonte: TIME LIFE. *Evolução da vida.* Rio de Janeiro: Abril, 1996. (Col. Ciências e Natureza)

10. Relacione o tipo de estrutura ou célula às respectivas definições.

1. Componentes dos oceanos se organizam em estruturas simples.

2. As moléculas simples se reúnem, formando estruturas mais complexas.

3. As estruturas são ainda mais complexas e capazes de se dividir (reproduzir).

4. Primeiros seres vivos.

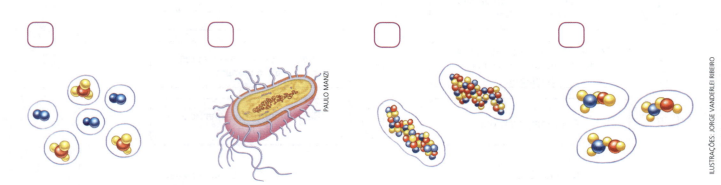

11. Identifique os conceitos representados nas imagens com os termos listados abaixo.

A	Experimento de Redi	C	Experimento de Pasteur

B	Experimento de Miller	D	Panspermia cósmica

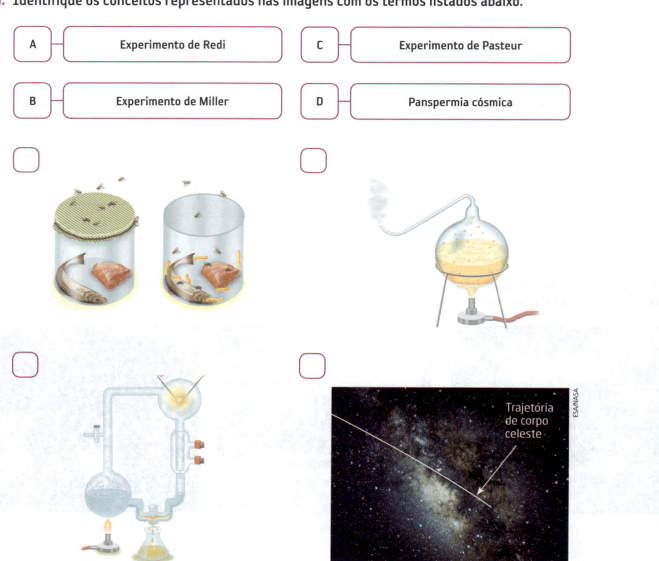

Trajetória de corpo celeste

12. Defina as teorias sobre a geração da vida completando o esquema.

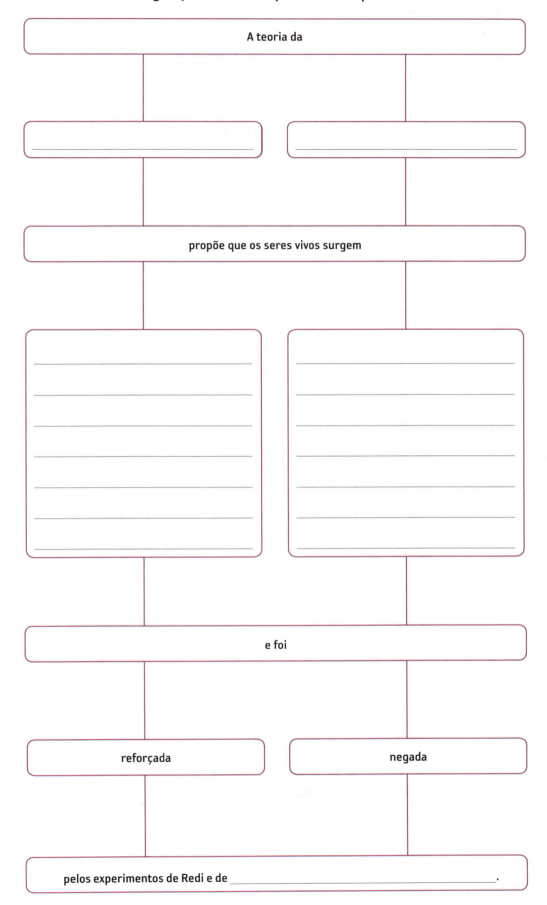

A teoria da

propõe que os seres vivos surgem

e foi

reforçada   negada

pelos experimentos de Redi e de _____.

13. Classifique os movimentos relativos entre as placas litosféricas, relacionando corretamente os quadros da coluna da esquerda aos da direita.

Abrem-se espaços, permitindo o alívio da pressão interna.

Colisão

As placas litosféricas se chocam, causando enrugamento.

Podem formar-se grandes cadeias de montanhas, como os Andes e os Alpes.

Afastamento

As placas litosféricas sofrem deslizamento, sem colisão ou afastamento.

Deslizamento lateral

Originam-se novas rochas.

Pode provocar tremores, também chamados terremotos ou sismos.

14. Indique três evidências dos movimentos das placas litosféricas, preenchendo o diagrama abaixo.

Evidências dos movimentos das placas litosféricas

_____

_____

_____

15. Numere os acontecimentos de acordo com a sua ocorrência.

( ) Surgimento dos organismos aeróbios

( ) Surgimento da vida

( ) Surgimento dos seres fotossintetizantes

( ) Surgimento de gás oxigênio na atmosfera

UNIDADE 2 INTRODUÇÃO À EVOLUÇÃO DOS SERES VIVOS

RECAPITULANDO

- O lamarckismo e o darwinismo procuram explicar a evolução, ou seja, as mudanças dos seres vivos no planeta.

- O lamarckismo apresentou algumas leis para explicar a evolução, como a **lei do uso e desuso** e a **lei da transmissão dos caracteres adquiridos**.

- Darwin e Wallace tiveram ideias similares para explicar a evolução. Entre elas, estava a **seleção natural**.

- Seleção natural é a seleção que o meio realiza dos variados seres que estão nele. Se uma espécie consegue sobreviver e se reproduzir no meio, pode-se dizer que ela está **adaptada**.

- A humanidade realiza a **seleção artificial** ao determinar condições e interesses específicos no processo de seleção em plantas e animais, gerando indivíduos com alguma característica de interesse destacada.

- Por processos evolutivos, ancestrais humanos deram origem ao grupo dos primatas, que inclui o ser humano (*Homo sapiens*), o orangotango, o gorila e o chimpanzé.

- Algumas linhagens ancestrais evoluíram e, há aproximadamente 2,5 milhões de anos, deram origem ao gênero *Homo*, com características como a adoção da postura ereta, associada à bipedia; os maxilares menos projetados para a frente, indicativos de uma dentição mais simples; e o aumento da caixa craniana.

- A espécie *Homo sapiens* surgiu na África entre 200 e 150 mil anos atrás. Mais tarde, populações dessa espécie migraram para outros continentes, começando pela Europa e pela Ásia.

1. Nomeie os dois naturalistas envolvidos no desenvolvimento da teoria darwinista e caracterize suas pesquisas.

Naturalista:	Naturalista:
_____	_____

Enviou uma carta a Darwin com:	Locais onde coletou materiais para estudo:
_____	_____
_____.	_____.

Elaboraram independentemente os princípios da:

_____.

2. Classifique as frases a seguir com (**D**) para pensamentos darwinistas ou (**L**) para pensamentos lamarckistas.

( ) Quanto mais se usa determinado órgão, mais ele se desenvolve. As características dos órgãos mais desenvolvidos são passadas para os descendentes.

( ) Novas espécies surgem através da seleção dos mais adaptados ao ambiente.

( ) A variabilidade dos organismos em uma população permite a seleção das características.

( ) As características adquiridas pelo uso e desuso são transmitidas para a próxima geração.

3. Descreva o processo de elaboração da teoria evolutiva por meio da seleção natural, completando o diagrama com os termos adequados, listados abaixo.

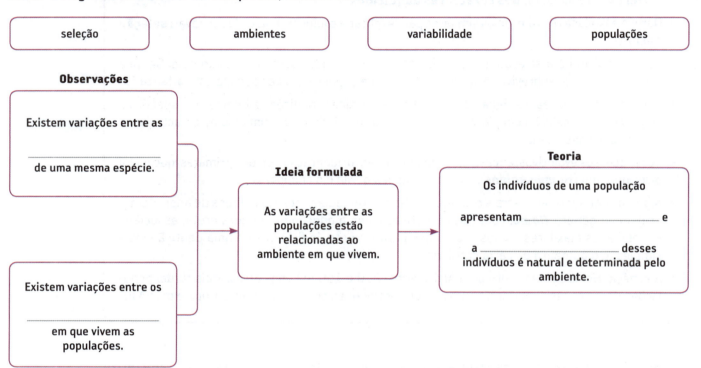

seleção   ambientes   variabilidade   populações

Observações

Existem variações entre as

_____

de uma mesma espécie.

Ideia formulada

As variações entre as populações estão relacionadas ao ambiente em que vivem.

Teoria

Os indivíduos de uma população

apresentam _____ e

a _____ desses indivíduos é natural e determinada pelo ambiente.

Existem variações entre os

_____

em que vivem as populações.

4. Identifique os dois importantes fatores da evolução biológica definidos no diagrama a seguir.

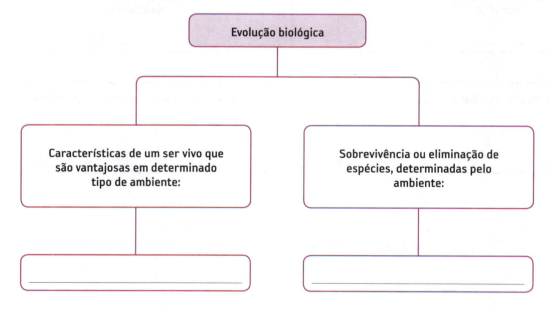

Evolução biológica

Características de um ser vivo que são vantajosas em determinado tipo de ambiente:

_____

Sobrevivência ou eliminação de espécies, determinadas pelo ambiente:

_____

5. Identifique as estratégias de defesa das presas contra a predação apresentadas nos exemplos a seguir.

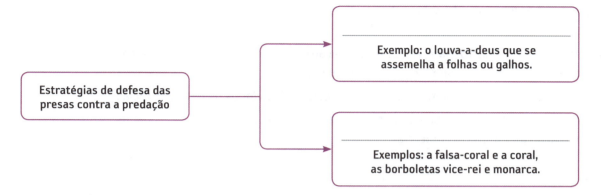

Estratégias de defesa das presas contra a predação

_____
Exemplo: o louva-a-deus que se assemelha a folhas ou galhos.

_____
Exemplos: a falsa-coral e a coral, as borboletas vice-rei e monarca.

6. Analise as fotos e faça o que se pede.

FRANK GREENAWAY/DORLING KINDERSLEY/GETTY IMAGES

ARCO IMAGES GMBH/ALAMY/FOTOARENA

a) Identifique o tipo de adaptação da borboleta.

_____

b) Explique por que pode ser vantajoso para a borboleta ter manchas que se assemelham aos olhos da coruja em suas asas.

_____

_____

_____

7. Leia o texto a seguir e faça o que se pede.

O rato-canguru é um pequeno mamífero que raramente bebe água. Ele aproveita a água gerada por transformações químicas em seu corpo e a presente nas sementes que come para sobreviver. Além disso, sua urina também é muito mais concentrada que a de outros mamíferos.

a) Com base nas informações do texto, podemos afirmar que o ambiente em que

o rato-canguru vive é _____.

b) Sublinhe no texto uma adaptação desse animal que justifique sua resposta anterior.

BEEN THERE YB/SHUTTERSTOCK

13

8. Analise as afirmações sobre seleção artificial. Em seguida, marque (**V**) para as verdadeiras e (**F**) para as falsas, corrigindo-as na sequência.

( ) A seleção natural é determinada pelo ambiente, enquanto a seleção artificial é exercida pelo ser humano.

( ) As diferentes raças de cachorros são exemplos de seleção natural, em que as características (tamanho e pelagem) são selecionadas pelo ser humano.

( ) O uso de inseticidas, pesticidas e antibióticos pode selecionar indivíduos de forma artificial.

( ) O melhoramento genético é um processo natural, que seleciona características desejadas em uma população de interesse comercial.

_____

_____

_____

_____

_____

9. Analise a representação esquemática a seguir. Depois, **faça** o que se pede.

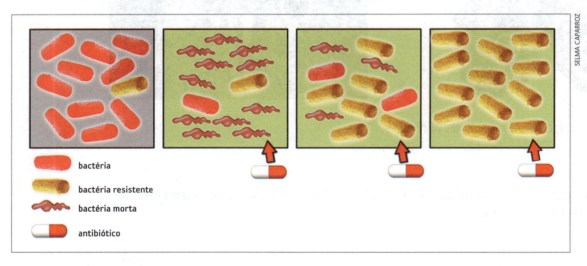

bactéria

bactéria resistente

bactéria morta

antibiótico

a) Qual forma de seleção está representada?

_____

b) Em que situação isso pode acontecer?

_____

_____

c) Explique o que aconteceu com as bactérias após o uso do antibiótico.

_____

_____

10. Descreva as características típicas dos seres humanos.

Seres humanos

Cérebro: _____
_____.

Linguagem: _____
_____.

Locomoção: _____
_____.

Habilidades motoras: _____
_____.

11. Ordene os eventos descritos no quadro a seguir na linha do tempo.

Surgimento do *Homo erectus*
Surgimento do *Homo sapiens*
Surgimento do gênero *Australopitecus*
Surgimento do gênero *Homo*

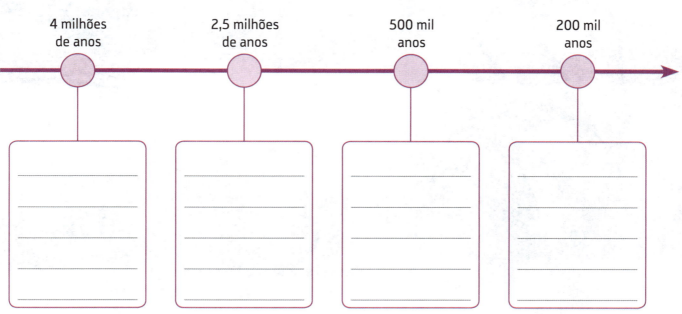

4 milhões de anos

2,5 milhões de anos

500 mil anos

200 mil anos

12. As frases a seguir se referem a características do gênero *Homo*. Compete-as com as palavras corretas e, depois, preencha a cruzadinha.

a) O aumento da caixa craniana permitiu acomodar um encéfalo _____ (1).

b) A visão _____ (2) forneceu maior noção de profundidade.

c) A adoção da postura _____ (3), associada à _____ (4) é uma característica adaptativa desse gênero.

d) O aprimoramento da linguagem _____ (5) e _____ (6) foi importante para a comunicação.

e) O polegar _____ (7) possibilitou movimentos mais precisos.

UNIDADE 3 A CLASSIFICAÇÃO DOS SERES VIVOS

RECAPITULANDO

- A **classificação dos seres vivos** é importante para analisar semelhanças e diferenças, bem como compreender a história evolutiva da vida na Terra.

- A padronização da **nomenclatura** dos seres vivos utilizando o sistema **binomial** permitiu que os pesquisadores os identificassem independentemente do idioma falado por eles.

- A organização se dá de forma hierárquica por **reino**, **filo**, **classe**, **ordem**, **família**, **gênero** e **espécie**.

- As espécies são agrupadas em cinco reinos estudados: **Monera**, **Protoctista**, **Fungi**, **Plantae** e **Animalia**.

- A **árvore da vida** ou **árvore filogenética** é uma representação que mostra as relações de parentesco evolutivo entre os seres vivos, em que todos apresentam um ancestral em comum.

- Os **vírus** não apresentam células, por isso não fazem parte de nenhum grupo. Eles apresentam estrutura simples e são obrigatoriamente **parasitas intracelulares**.

- Os **moneras** são seres procariontes, dividios em **bactérias** e **arqueas**.

- Os **protoctistas** são eucariontes uni ou pluricelulares divididos em **algas** e **protozoários**.

- Os **fungos** são eucariontes heterotróficos uni ou pluricelulares, e participam de diversas atividades humanas.

- Vários fatores podem facilitar as **transmissões de doenças**, como os demográficos, os socioeconômicos, os políticos, os culturais e os ambientais, além da falta de vigilância sanitária.

1. Complete o organizador gráfico.

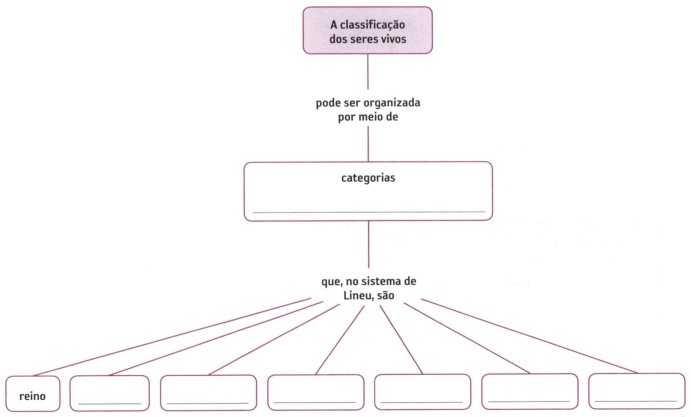

2. Complete as frases utilizando as palavras dos quadros (obs.: algumas palavras podem ser usadas mais de uma vez).

| gênero | binomial | espécie | maiúscula | minúscula |

a) O nome científico de um ser vivo é composto de duas palavras, ou seja, é _____ .

b) O primeiro nome representa o _____ e deve ser escrito com inicial _____ .

c) O segundo nome representa a _____ , que deve ser escrita com inicial _____ .

d) O nome da _____ sempre vem acompanhado do _____ .

3. Complete o organizador sobre a classificação dos seres vivos.

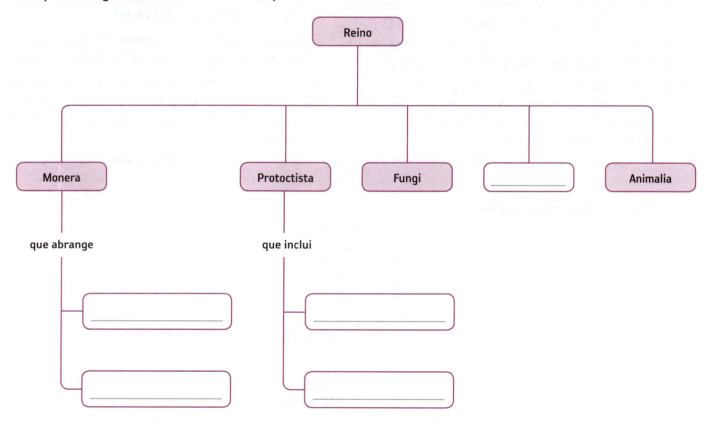

4. Analise os nomes científicos dos seres vivos listados a seguir e circule apenas os que estiverem seguindo as regras de nomenclatura binomial.

Abelha	Apis mellifera
Camelo	*Struthio camelus*
Leão	Panthera Leo
Javali	*Sus scrofa*

5. Complete o diagrama a seguir.

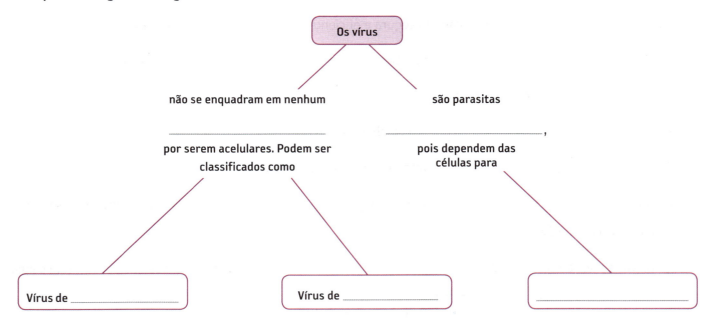

Os vírus

não se enquadram em nenhum _____ por serem acelulares. Podem ser classificados como

são parasitas _____, pois dependem das células para

Vírus de _____

Vírus de _____

_____

6. Analise as etapas do processo de replicação viral. Em seguida, ordene-as corretamente.

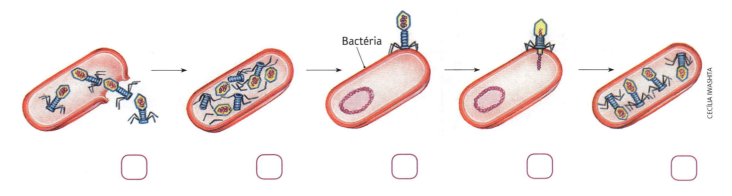

Bactéria

CECÍLIA IWASHITA

7. Organize as informações sobre as características do reino dos moneras.

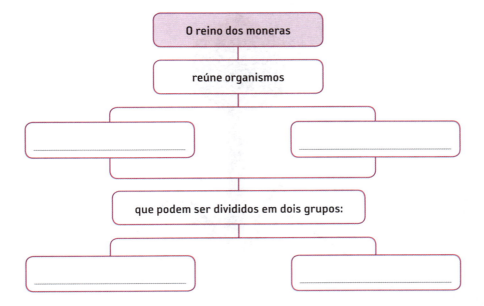

O reino dos moneras

reúne organismos

_____

_____

que podem ser divididos em dois grupos:

_____

_____

8. Complete as frases a seguir com as palavras corretas e depois preencha a cruzadinha.

1. A _____ é uma maneira segura e eficiente de prevenir algumas doenças.

2. O _____ é uma cápsula de proteína que envolve o material genético do vírus.

3. Os vírus não se encaixam em nenhum _____.

4. A _____ é uma doença combatida com o surgimento da vacina.

5. Os vírus são _____ intracelulares obrigatórios.

6. Nas vacinas, podem ser utilizados vírus mortos ou _____, que são incapazes de causar doenças em pessoas saudáveis.

7. Os vírus não são considerados _____ por alguns estudiosos, já que não apresentam células.

NOBEASTSOFIERCE/SHUTTERSTOCK

9. Leia a tira a seguir sobre a reprodução das bactérias e faça o que se pede.

FERNANDO GONSALES

a) Explique como as bactérias se reproduzem.

_____

_____

_____

_____

b) Cite um fator limitante para esse processo.

_____

_____

_____

_____

10. Associe os tipos de bactérias com suas características.

> Bactérias que, junto com as algas, são importantes produtoras de gás oxigênio do planeta.

> Bactérias decompositoras

> Bactérias que podem causar várias doenças em plantas e animais.

> Bactérias autótrofas fotossintetizantes

> Bactérias que promovem a transformação da matéria orgânica em outro tipo de material, permitindo que esses novos materiais sejam incorporados na cadeia alimentar.

> Bactérias patogênicas

11. Classifique os protozoários usando como critério a locomoção, completando o quadro a seguir.

Grupo dos protozoários	Modo de locomoção
1. Rizópodos	Deslocam-se por _____.
2. _____	Deslocam-se por meio de flagelos.
3. _____	Deslocam-se por meio de cílios.
4. _____	Não apresentam estruturas de locomoção.

12. Leia a tira e responda.

a) A que reino pertencem as amebas?

_____

_____

_____

b) Cite duas características dos seres pertencentes a esse reino.

_____

_____

_____

_____

c) Qual processo típico das amebas está retratado na tira?

_____

_____

_____

13. Caracterize os fungos completando o diagrama a seguir.

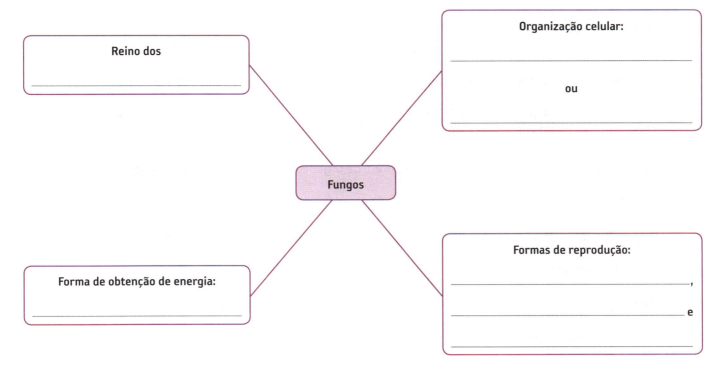

14. Descreva os grupos dos fungos.

Filo dos fungos	Características
1. Quitridiomicetos	
2. Zigomicetos	
3. Basidiomicetos	
4. Ascomicetos	

15. Utilize as palavras a seguir, classificando os fungos quanto ao modo de vida.

| saprófagos | parasitas | predadores | mutualísticos |

a) As micorrizas são associações de fungos _____ com raízes das árvores.

O fungo degrada algumas substâncias do solo e as transfere para a raiz da planta. A raiz contribui com alguns açúcares de que o fungo necessita.

b) Os fungos _____ se alimentam de organismos mortos, realizando o papel

de decompositores.

c) Alguns fungos capturam em suas hifas pequenos animais, dos quais se alimentam e são de-

nominados fungos _____ .

d) Os fungos _____ retiram alimento de organismos vivos nos quais se

instalam, prejudicando-os.

16. Complete o organizador sobre os fatores de transmissão de doenças.

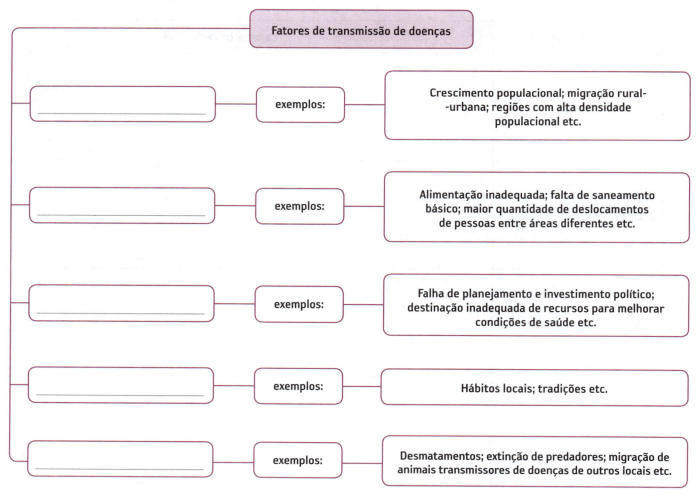

Fatores de transmissão de doenças

_____ — exemplos: — Crescimento populacional; migração rural--urbana; regiões com alta densidade populacional etc.

_____ — exemplos: — Alimentação inadequada; falta de saneamento básico; maior quantidade de deslocamentos de pessoas entre áreas diferentes etc.

_____ — exemplos: — Falha de planejamento e investimento político; destinação inadequada de recursos para melhorar condições de saúde etc.

_____ — exemplos: — Hábitos locais; tradições etc.

_____ — exemplos: — Desmatamentos; extinção de predadores; migração de animais transmissores de doenças de outros locais etc.

UNIDADE 4 O REINO DAS PLANTAS

- Plantas são seres **pluricelulares** e **autotróficos**.
- Elas possuem tecidos específicos, compostos de células que possuem estruturas como **cloroplastos**, **vacúolos** e **parede celular**, que não estão presentes nas células animais.
- Os cloroplastos são estruturas que apresentam **clorofila**, pigmento de cor verde, presente na maioria dos indivíduos desse reino.
- As plantas produzem seu próprio alimento por meio do processo chamado de **fotossíntese**.
- Podem ser classificadas em **avasculares** e **vasculares**, que são agrupadas em: **briófitas, pteridófitas**, **gminospermas** e **angiospermas**.
- As **briófitas** e as **pteridófitas** não possuem flores, frutos e sementes, sendo dependentes da água para a reprodução. As pteridófitas apresentam vasos condutores, estrutura ausente nas briófitas.
- **Gimnospermas** são plantas vasculares que possuem **sementes**, mas não têm flores nem frutos.
- **Angiospermas** é o maior grupo de plantas. Elas são vasculares e possuem **flores**, **frutos** e **sementes**.
- Diversas plantas apresentam **raiz**, **caule** e **folhas**, órgãos que apresentam grande variabilidade nas diferentes espécies.
- Agentes como **água**, **vento** e **animais** podem participar da reprodução das plantas.
- As **flores** apresentam sépalas, pétalas, gineceu e androceu. Elas são responsáveis por atrair agentes polinizadores, garantindo, assim, que ocorra a reprodução.
- Os **frutos** protegem as sementes e facilitam a dispersão delas.

1. Identifique as características das plantas colorindo corretamente os quadros a seguir.

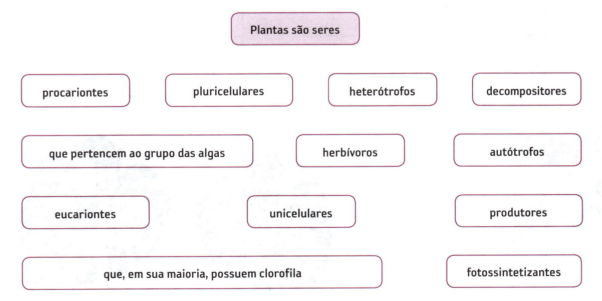

Plantas são seres

procariontes	pluricelulares	heterótrofos	decompositores
que pertencem ao grupo das algas	herbívoros		autótrofos
eucariontes	unicelulares		produtores
que, em sua maioria, possuem clorofila			fotossintetizantes

2. Identifique os temas relacionados às plantas completando a cruzadinha a seguir.

Horizontal

1. Tecido responsável pelo crescimento.
2. Um material que forma a parede celular.
3. Tecido que conduz a seiva orgânica.
4. São encontrados nas folhas e nos caules verdes.

Vertical

1. Estruturas que armazenam substâncias nutritivas.
2. Organelas que armazenam substâncias, como água e sais minerais.
3. Estruturas que geralmente contêm pigmento amarelado ou avermelhado.
4. Organoides exclusivos das plantas.

3. Assinale no quadro as estruturas presentes na célula vegetal e ausentes na célula animal. Depois, complete a sentença com a estrutura adequada.

Estruturas celulares	Célula vegetal
Mitocôndria	
Lisossomo	
Núcleo	
Membrana celular	
Parede celular	
Membrana nuclear	
Retículo endoplasmático	
Cloroplasto	
Leucoplasto	
Cromoplasto	
Vacúolos	

Dessas estruturas exclusivas, os _____ armazenam principalmente o amido

e são encontrados em órgãos de reserva, como raízes e caules.

4. Determine a classificação das plantas preenchendo o diagrama com as palavras adequadas.

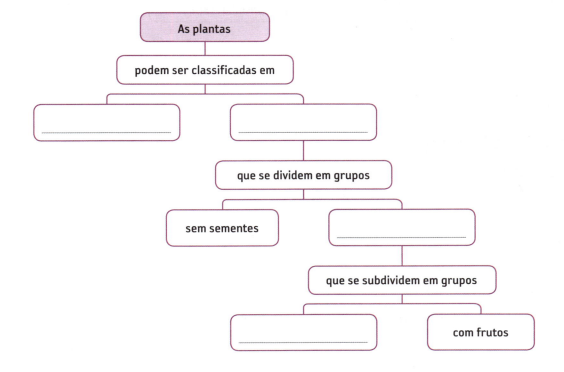

5. Complete o quadro central de cada diagrama abaixo com as seguintes palavras.

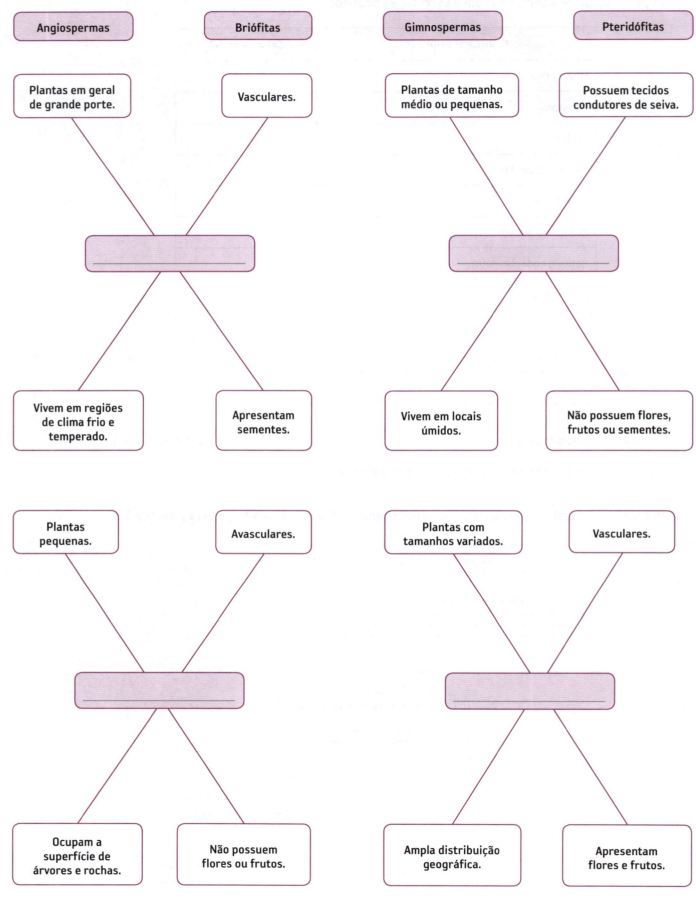

Angiospermas   Briófitas   Gimnospermas   Pteridófitas

Plantas em geral de grande porte.

Vasculares.

Plantas de tamanho médio ou pequenas.

Possuem tecidos condutores de seiva.

Vivem em regiões de clima frio e temperado.

Apresentam sementes.

Vivem em locais úmidos.

Não possuem flores, frutos ou sementes.

Plantas pequenas.

Avasculares.

Plantas com tamanhos variados.

Vasculares.

Ocupam a superfície de árvores e rochas.

Não possuem flores ou frutos.

Ampla distribuição geográfica.

Apresentam flores e frutos.

6. Observe as imagens a seguir. Em seguida, ligue-as de acordo com a sua classificação.

Briófita

Pteridófita

Gimnosperma

Angiosperma

7. Identifique as características dos quatro grandes grupos de plantas ligando os quadros abaixo. Em seguida, dê exemplos de plantas pertencentes a cada um dos grupos.

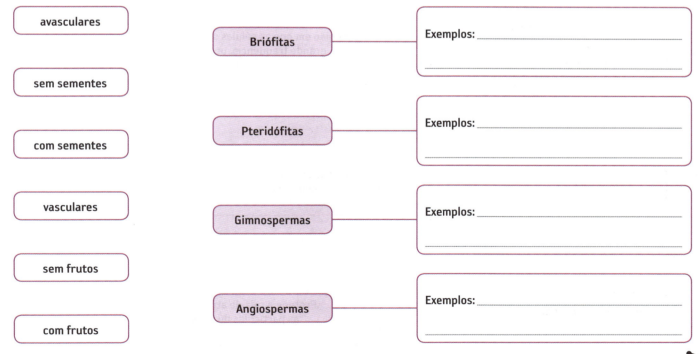

avasculares

sem sementes

com sementes

vasculares

sem frutos

com frutos

Briófitas — Exemplos: _____

Pteridófitas — Exemplos: _____

Gimnospermas — Exemplos: _____

Angiospermas — Exemplos: _____

8. Complete o diagrama sobre a raiz.

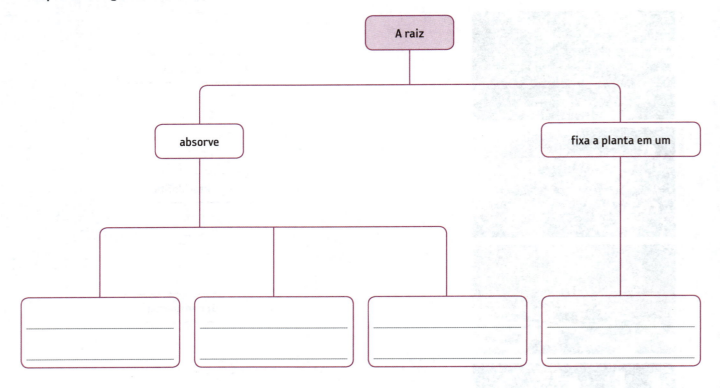

9. Relacione os quadros sobre as partes da raiz, ligando-os com um fio.

Coifa	Dessa região partem raízes que vão auxiliar no suporte da planta e na absorção de água e sais minerais.
Zona de ramificação	Região em que as células se dividem com grande frequência, ocasionando o crescimento da raiz.
Zona pilífera	Forma a seiva mineral com a absorção de água e sais minerais do solo.
Zona de alongamento	Protege a raiz do atrito com as partículas do solo.

10. Complete o diagrama e a legenda das fotos com os tipos e as funções das diferentes raízes.

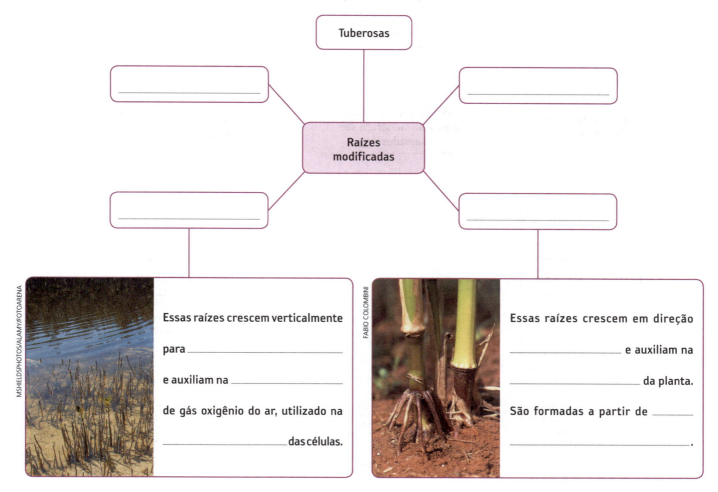

Tuberosas

Raízes modificadas

Essas raízes crescem verticalmente para _____ e auxiliam na _____ de gás oxigênio do ar, utilizado na _____ das células.

Essas raízes crescem em direção _____ e auxiliam na _____ da planta. São formadas a partir de _____ _____ .

11. Complete o diagrama sobre o caule.

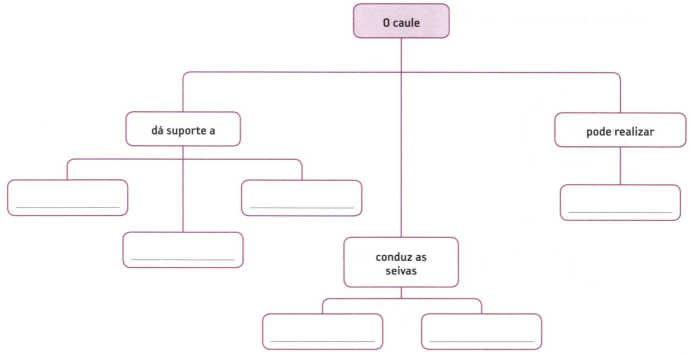

O caule

dá suporte a

pode realizar

conduz as seivas

12. Preencha o esquema dos tipos de caule.

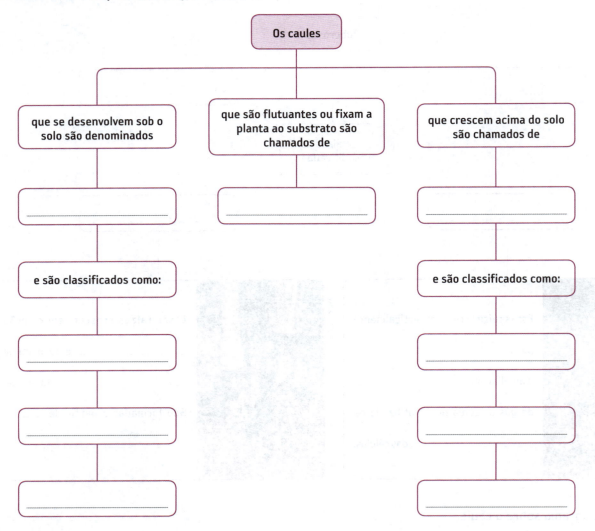

Os caules

que se desenvolvem sob o solo são denominados

que são flutuantes ou fixam a planta ao substrato são chamados de

que crescem acima do solo são chamados de

e são classificados como:

e são classificados como:

13. Complete o diagrama sobre a folha.

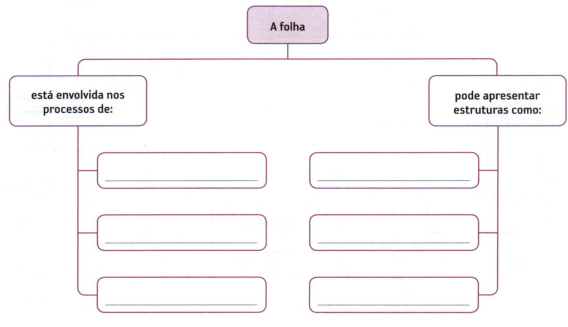

A folha

está envolvida nos processos de:

pode apresentar estruturas como:

14. Indique e exemplifique os tipos de folha completando o diagrama a seguir.

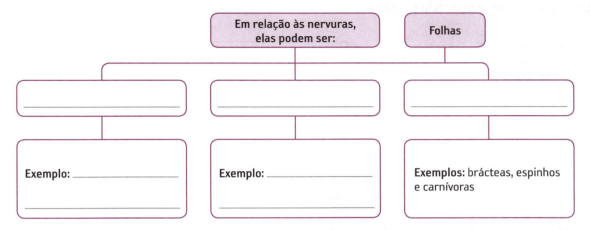

15. Preencha a tabela com SIM ou NÃO indicando a presença das características ou estruturas das briófitas e das pteridófitas.

	Briófita	Pteridófita
Reprodução sexuada e assexuada		
Dependência de água para reprodução		
Esporos		
Anterozoides		
Prótalo		

16. Preencha as lacunas do diagrama.

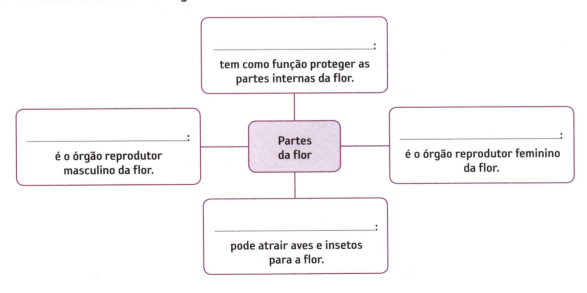

17. Reconheça e complete os ciclos reprodutivos preenchendo as lacunas. No centro, coloque o nome do grupo de plantas ao qual o ciclo pertence.

Estróbilo masculino produz grãos de pólen.

Uma nova planta é gerada.

Formação da semente.

Polinização

Germinação da semente.

Formação do fruto.

18. Complete o diagrama a seguir sobre a polinização.

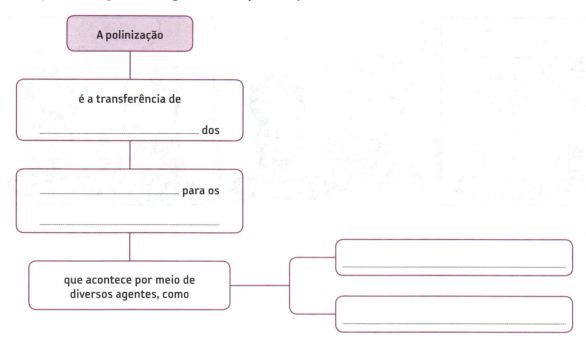

A polinização

é a transferência de

_____ dos

_____ para os

_____

que acontece por meio de diversos agentes, como

_____

_____

19. Leia a tira a seguir e responda.

a) A banana é um fruto sem sementes. Que processo deixou de ocorrer na formação desse fruto?

_____

_____

_____

_____

b) A tira fala sobre uma modificação da banana em laboratório. Com base nela, responda: as bananas sempre foram do jeito que as conhecemos?

_____

_____

_____

_____

20. Leia a tirinha e responda às questões.

a) Qual é a função da flor?

_____

_____

b) Qual estrutura da flor, geralmente colorida, o gato comeu?

_____

_____

c) Que estruturas da flor sobraram na mão do personagem?

_____

_____

d) Faça uma pesquisa e cite algumas flores que são comestíveis.

_____

_____

_____

21. Complete a frase sobre fruto com as palavras a seguir.

| ovário | fecundação | semente | desenvolvimento |

| dispersão | órgão | angiospermas |

O fruto é um _____ exclusivo das _____, formado a

partir do _____ do _____ após a _____.

Ele protege a _____ e pode auxiliar sua _____.

22. Leia a tira abaixo, que retrata a germinação da semente.

- Algumas condições necessárias para a germinação da semente não foram mencionadas na tira. Indique quais são, completando as lacunas do texto a seguir.

Algumas sementes atravessam um período de _____. Esse período termina quando as sementes encontram condições adequadas de _____,

_____ e _____, ocorrendo, assim, a germinação.

A _____ é o desenvolvimento da semente, que gera uma nova planta.

23. Leia a tira e responda.

a) As aves são alguns dos animais que fazem a dispersão das sementes, ou seja, transportam as sementes para longe da planta-mãe. Cite mais três agentes dispersores de sementes, além dos animais.

_____

_____

b) Considerando os fatores do ambiente, o que acontece quando as sementes germinam próximo à planta-mãe?

_____

_____

UNIDADE 5 O REINO DOS ANIMAIS

RECAPITULANDO

- O reino dos animais é composto de diversas **classes**, **gêneros** e **espécies**.

- Os animais se dividem nos filos dos **poríferos**, **cnidários**, **platelmintos**, **nematelmintos**, **anelídeos**, **moluscos**, **artrópodes**, **equinodermos** e **cordados**.

- Os representantes dos poríferos são **sésseis** e **filtradores**, sendo a maioria deles de vida marinha.

- Os **cnidários** podem ser de vida livre ou séssil. Eles apresentam um tipo de célula diferenciada, os **cnidoblastos**, que se encontram em maior quantidade nos tentáculos, servindo para defesa e captura de alimentos.

- **Platelmintos** são vermes de **corpo achatado**, apresentando representantes de vida livre e parasitas.

- Os **nematelmintos** são vermes de corpo cilíndrico, podendo ser de vida livre ou parasitas.

- **Anelídeos** apresentam o corpo cilíndrico e divido por anéis.

- Os **moluscos** apresentam o corpo dividido em cabeça, saco visceral e pé.

- **Equinodermos** possuem espinhos inseridos em sua musculatura, que servem como proteção e sustentação do corpo.

- **Artrópodes** possuem a maior quantidade de representantes. Sua principal característica é o **esqueleto externo** e os **apêndices articulares**.

- Os **cordados** apresentam esqueleto interno e coluna vertebral e podem ser divididos em **peixes**, **anfíbios**, **répteis**, **aves** e **mamíferos**.

- Os peixes são divididos em dois grupos: **ósseos** e **cartilaginosos**.

- Os representantes dos anfíbios possuem **dependência da água** para se reproduzir e manter sua pele úmida.

- O grupo dos répteis foi o primeiro a **conquistar o ambiente terrestre**. Seus representantes possuem pele com placas córneas ou escama e seus ovos apresentam casca rígida.

- As **aves** possuem o corpo revestido por penas. São seres **endotérmicos**.

- **Mamíferos** têm o corpo revestido por pelos e apresentam glândulas mamárias.

1. Mostre os planos de simetria nos animais representados abaixo. Indique de qual tipo de simetria se trata.

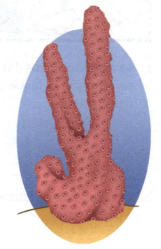

ILUSTRAÇÕES: JURANDIR RIBEIRO

2. Caracterize os animais completando o diagrama.

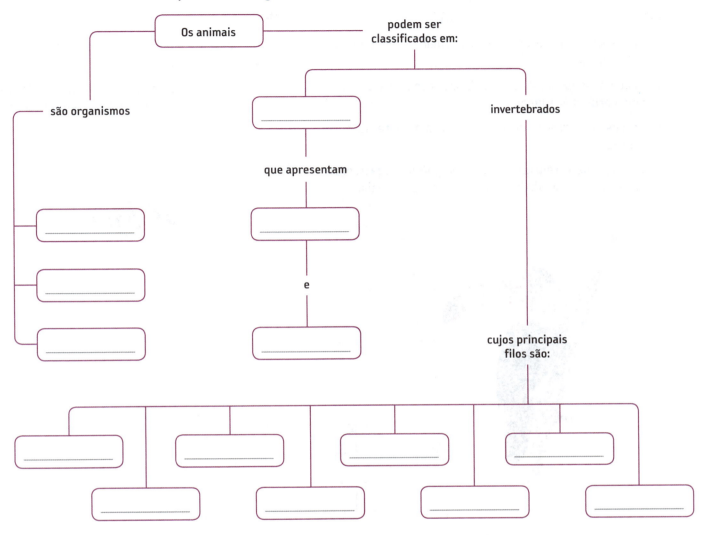

3. O esquema a seguir representa um processo de reprodução assexuada em um grupo de animais. Qual é esse grupo? Como ocorre esse processo?

JURANDIR RIBEIRO

_____

_____

_____

4. Complete a cruzadinha sobre os animais.

Vertical

1. Processo responsável por transformar os alimentos em nutrientes.

2. Sistema responsável por distribuir e recolher substâncias pelo corpo dos animais.

3. Processo de trocas gasosas com o ambiente ou entre células.

4. Tipo de simetria em que o plano imaginário cruza o centro do corpo do animal, dividindo-o em partes iguais.

Horizontal

5. Processo de eliminação de metabólitos produzidos pelo corpo.

6. Tipo de simetria em que o plano imaginário divide o corpo do animal em metades equivalentes.

5. Escreva nos quadros dos esquemas abaixo o tipo de cnidário representado e onde se localizam suas principais estruturas corporais: boca, tentáculos e cavidade gastrovascular.

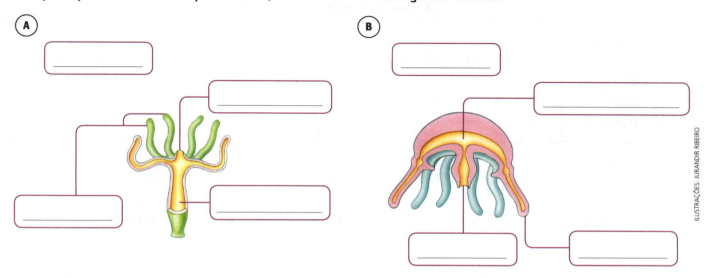

Ⓐ

Ⓑ

ILUSTRAÇÕES: JURANDIR RIBEIRO

6. Identifique os diferentes estágios no ciclo do esquistossomo esquematizado a seguir.

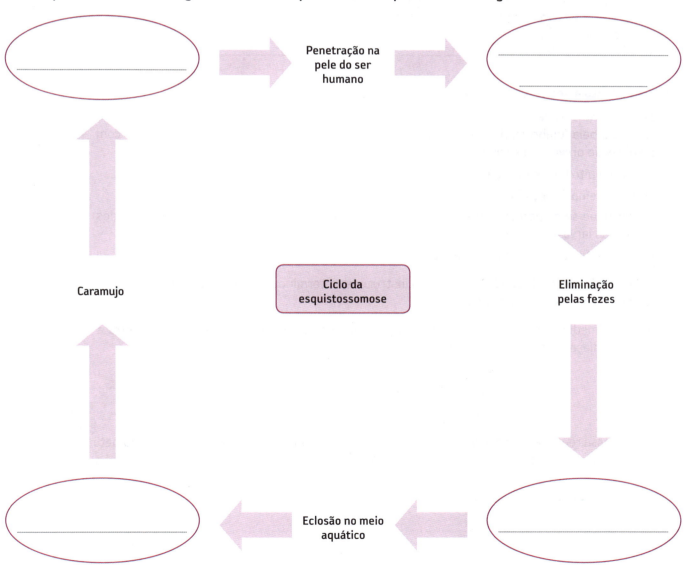

Penetração na pele do ser humano

Caramujo

Ciclo da esquistossomose

Eliminação pelas fezes

Eclosão no meio aquático

7. Complete o quadro com as características gerais dos anelídeos.

Características gerais dos anelídeos	
Hábitat	
Forma do corpo	
Respiração	
Reprodução	

8. Caracterize os três diferentes grupos de anelídeos listados no quadro quanto ao número de cerdas no corpo e exemplifique cada um deles.

	Hirudíneos	Oligoquetos	Poliquetos
Quantidade de cerdas no corpo			
Exemplo			

9. Leia o texto a seguir e responda às perguntas.

Em um centro de saúde, localizado em uma região com alta incidência de casos de ascaridíase (causada pela lombriga, *Ascaris lumbricoides*), foram encontrados folhetos informativos com medidas de prevenção e combate à doença. Entre as medidas, constavam as seguintes:

I. Lave muito bem frutas e hortaliças antes de serem ingeridas.

II. Ande sempre calçado.

III. Verifique se os porcos – hospedeiros intermediários da doença – não estão contaminados com as larvas do verme.

IV. Ferva e filtre a água antes de tomá-la.

O diretor do centro de saúde, ao ler essas instruções, determinou que todos os folhetos fossem recolhidos para serem corrigidos.

a) Quais medidas devem ser mantidas pelo diretor, por serem corretas e eficientes contra a ascaridíase? Justifique sua resposta.

b) Se nessa região a incidência de amarelão também fosse alta, que medida presente no folheto seria eficaz para combater essa doença? Justifique sua resposta.

10. Complete o quadro com as características gerais dos moluscos.

Características gerais dos moluscos	
Hábitat	
Forma do corpo	
Respiração	
Reprodução	

11. Classifique os artrópodes preenchendo o diagrama a seguir.

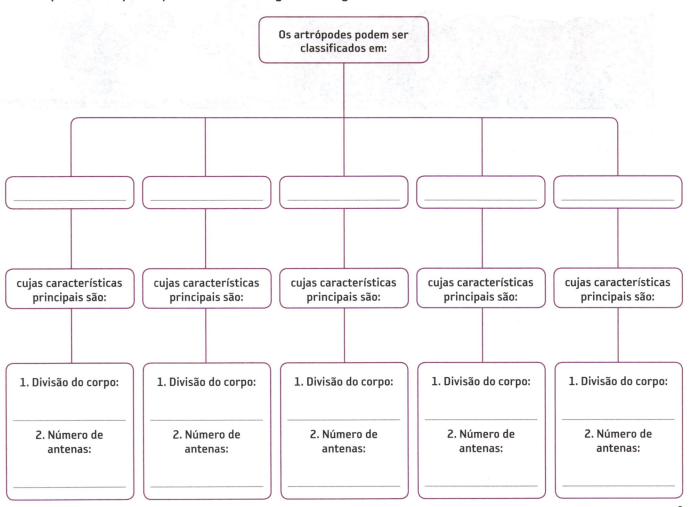

12. Indique, na ilustração abaixo, as três partes em que se divide o corpo do artrópode. Classifique-o no quadro a seguir.

PAULO MANZI

```

_____

```

13. Leia a tira a seguir e responda às perguntas.

INTERCONTINENTAL PRESS

MEU NOME É *DROSOPHILA MELANOGASTER*, MAS MEUS AMIGOS ME CHAMAM DE "MOSQUINHA".

FRANK & ERNEST, BOB THAVES© 2005 THAVES/DIST.
BY ANDREWS MCMEEL SYNDICATION

a) *Drosophila melanogaster* é o nome científico de um inseto. Observe na tira como ele foi desenhado. Falta algo no corpo do inseto? Justifique sua resposta.

_____

_____

_____

_____

b) Como você classificaria o outro animal da tira? Que critério você utilizou para isso?

_____

_____

_____

_____

14. Imagine que você está montando um aquário em sua casa e quer que ele represente um lago ou um rio com pouca correnteza. Escolha os seres que você poderá colocar em seu aquário, em função de suas adaptações a esse tipo de ambiente.

Assinale apenas a(s) alternativa(s) correta(s), com informações adequadas a esse objetivo.

( ) Equinodermos não devem ser colocados nesse aquário, porque são animais exclusivamente marinhos.

( ) Não será possível colocar nenhum inseto no aquário; como as estruturas respiratórias dos insetos são traqueias, todos eles são terrestres e morreriam afogados dentro da água.

( ) Existem moluscos que vivem em água doce e são adequados para o aquário. Entre eles, os gastrópodes são animais interessantes para se ter em aquário, pois limpam as paredes recobertas de algas graças ao modo de alimentação raspador, utilizando a rádula.

( ) Crustáceos, de maneira geral, podem ser colocados, pois respiram por intermédio de brânquias e, portanto, podem viver em ambiente aquático.

15. Classifique as características dos quadros como exclusivas de peixes cartilaginosos, exclusivas de peixes ósseos ou comuns a esses dois grupos, escrevendo-as na posição correspondente no diagrama abaixo.

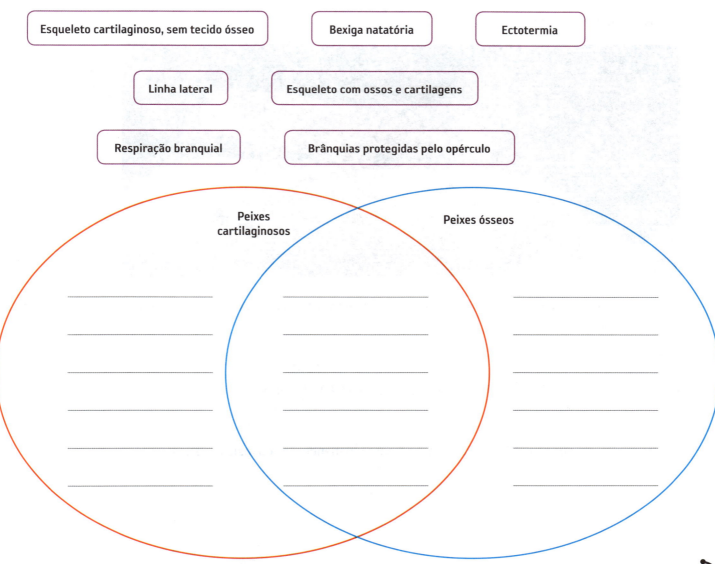

Esqueleto cartilaginoso, sem tecido ósseo

Bexiga natatória

Ectotermia

Linha lateral

Esqueleto com ossos e cartilagens

Respiração branquial

Brânquias protegidas pelo opérculo

Peixes cartilaginosos

Peixes ósseos

16. Ligue as características aos filos correspondentes.

Artrópodes	Animais com endoesqueleto formado por placas calcárias e corpo recoberto por espinhos.
Equinodermos	Animais de corpo mole, geralmente protegidos por uma concha calcárea.
Moluscos	Animais de corpo cilíndrico, alongado e com as extremidades afiladas.
Platelmintos	Animais de corpo segmentado em anéis e respiração pela pele.
Nematelmintos	Animais de corpo achatado e com simetria bilateral.
Anelídeos	Animais com exoesqueleto rígido e articulado.

17. Analise a imagem e responda.

IGNASI ROVIRA CASADEVALL

a) A foto acima está mostrando um girino em processo de transformação para um anfíbio adulto. Como é denominado esse processso?

_____

b) Cite uma característica de anfíbio adulto que o girino da foto já apresenta.

_____

c) Por que se diz que os anfíbios não são totalmente independentes do meio aquático?

_____

_____

_____

18. Caracterize os répteis completando o quadro.

Características dos répteis	Descrição
Revestimento da pele	
Respiração	
Regulação da temperatura	
Modo de reprodução	
Tipo da casca do ovo	
Fecundação	

19. Identifique quais das características abaixo possibilitaram a colonização definitiva do ambiente terrestre pelos répteis. Circule essas características.

Ovo com casca resistente à dessecação

Pele revestida por escamas ou por placas córneas

Ectotermia

Coração com três cavidades

Fecundação interna

20. Caracterize as aves, completando o quadro.

Características das aves	Descrição
Revestimento do corpo	
Respiração	
Regulação da temperatura	
Modo de reprodução	
Cavidades cardíacas	
Fecundação	

21. Explique como cada uma das estruturas abaixo está relacionada ao voo nas aves, ligando as duas colunas.

| Quilha | | Maximizam a capacidade respiratória e contribuem para a leveza corporal. |

| Ossos pneumáticos | | Possuem esqueleto mais leve em relação aos outros vertebrados. |

| Sacos aéreos | | Capta gás oxigênio, importante para gerar energia durante o voo. |

| Pulmão | | Estrutura na qual se prende o músculo peitoral, responsável pelos batimentos das asas durante o voo. |

22. Leia a tira e responda.

a) A estrutura do ovo com casca rígida apareceu primeiramente com as aves? Justifique.

_____

_____

_____

b) Que tipo de recurso os ovos apresentam que ajuda a proteger e a manter o embrião durante o desenvolvimento?

_____

_____

_____

23. Caracterize os mamíferos preenchendo o quadro com algumas de suas características.

Características dos mamíferos	Descrição
Revestimento do corpo	
Respiração	
Regulação da temperatura	
Modo de reprodução	
Gordura	
Glândulas mamárias	

RECAPITULANDO

- As relações ecológicas podem beneficiar, prejudicar ou não afetar os indivíduos que participam delas. São exemplos de relações ecológicas: **comensalismo**, **inquilinismo**, **mutualismo**, **protocooperação**, **predação**, **parasitismo** e **competição**.

- **Colônias** e **sociedades** são exemplos de agrupamentos de vários indivíduos da mesma espécie, sendo que, no caso do primeiro grupo, os indivíduos são fisicamente ligados.

- O Brasil é dividido em seis **domínios morfoclimáticos** e em áreas de encontro entre domínios, chamadas de **faixas de transição**.

- Os domínios morfoclimáticos brasileiros são: **Atlântico**, **Amazônico**, do **Cerrado**, das **Caatingas**, das **Pradarias** e das **Araucárias**.

- A **Mata Atlântica** é uma das regiões de maior biodiversidade do mundo, mas é uma das que mais sofrem com os impactos ambientais.

- O domínio amazônico apresenta a **Floresta Amazônica**, uma floresta tropical de grande extensão.

- O **Cerrado** é o segundo maior domínio morfoclimático brasileiro.

- A **Caatinga** representa 10% do território brasileiro e apresenta uma grande diversidade de espécies de plantas endêmicas.

- O **domínio das Pradarias** apresenta campos e ocupa cerca de 2% do território brasileiro, localizados no Sul do Brasil.

- Os **ecossistemas aquáticos** podem ser de água doce ou de água salgada, podendo ser classificados em dois grupos: **ecossistemas de água corrente** – rios e córregos – e **ecossistemas de água parada** – lagos, lagoas, açudes e reservatórios artificiais.

1. Compare as relações ecológicas comensalismo e inquilinismo completando o esquema abaixo.

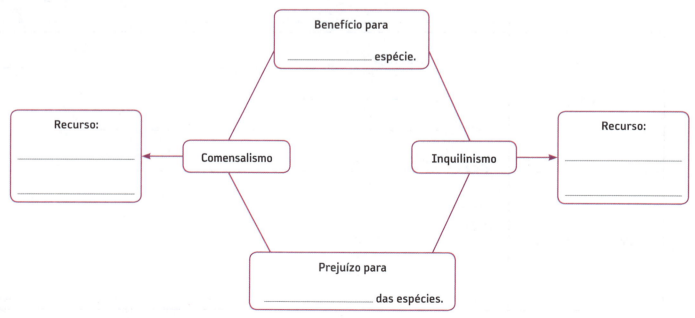

2. Em qual situação cotidiana utilizamos o termo inquilino? Qual é a relação desse termo com o inquilinismo estudado na Unidade?

_____

_____

_____

_____

3. Analise as relações ecológicas, preenchendo o quadro com os símbolos a seguir.

> **++** relação benéfica para ambos os indivíduos
>
> **+0** relação benéfica apenas para um dos indivíduos e indiferente para o outro
>
> **+−** relação benéfica apenas para um dos indivíduos e prejudicial ao outro

Relação ecológica	Classificação
Comensalismo	
Inquilinismo	
Mutualismo	
Protocooperação	
Predação	

4. Observe a tira abaixo e responda à questão.

FERNANDO GONSALES

- Qual relação ecológica (entre o pássaro e o crocodilo) está representada na tira? As espécies envolvidas são dependentes uma da outra?

_____

_____

_____

5. Defina competição e indique os recursos disputados pelos indivíduos dessa relação ecológica, completando o diagrama.

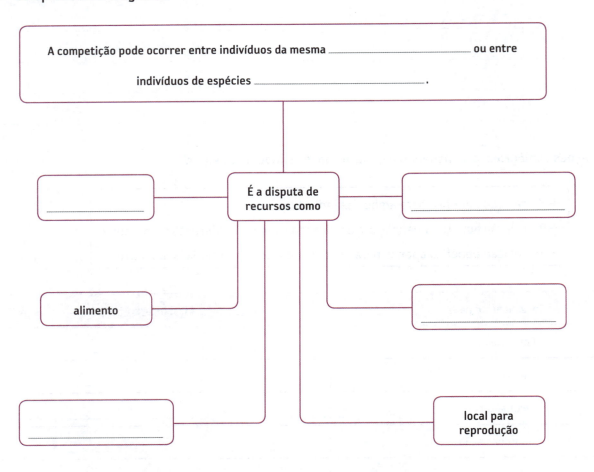

A competição pode ocorrer entre indivíduos da mesma _____ ou entre indivíduos de espécies _____.

É a disputa de recursos como

_____

alimento

_____

_____

local para reprodução

6. Circule em azul as características e os exemplos relacionados às colônias e, em vermelho, as relacionadas às sociedades.

Organismos são ligados fisicamente entre si.

Há divisão do trabalho entre os indivíduos.

Ocorrência de castas.

Há muita dependência entre os indivíduos.

Agrupamento de indivíduos da mesma espécie.

Formigueiro

Corais

Colmeia

7. Identifique os domínios morfoclimáticos no mapa a seguir. Depois, complete a cruzadinha.

DOMÍNIOS MORFOCLIMÁTICOS BRASILEIROS

ANDERSON DE ANDRADE PIMENTEL

Fonte: AB'SÁBER, A. N. *Os domínios de natureza no Brasil: potencialidades paisagísticas.* São Paulo: Ateliê Editorial, 2003.

8. Identifique o bioma predominante em cada domínio morfoclimático brasileiro, preenchendo o quadro a seguir.

Domínio morfoclimático brasileiro	Bioma
Domínio Atlântico	
Domínio Amazônico	
Domínio do Cerrado	
Domínio das Caatingas	
Domínio das Pradarias	

9. Localize no mapa os principais domínios morfoclimáticos, pintando a região correspondente com as cores da legenda abaixo. Indique também a localização do Pantanal mato-grossense, pintando-o de marrom.

340 km

Legenda
Domínio Atlântico (verde)
Domínio Amazônico (azul)
Domínio do Cerrado (amarelo)
Domínio das Caatingas (vermelho)
Domínio das Pradarias (roxo)

ALESSANDRO PASSOS DA COSTA

10. Resuma as principais características da Mata Atlântica, preenchendo o organizador com informações referentes a cada tópico.

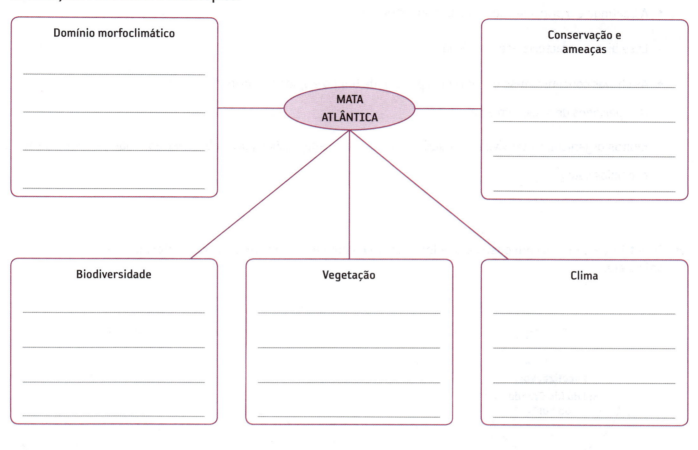

11. Identifique e circule as características que correspondem ao Cerrado.

Bioma predominante do Domínio Atlântico.	Bioma do tipo pradaria.	Bioma do tipo deserto.
O fogo é um importante fator ecológico.	Bioma predominante do Domínio do Cerrado.	Clima marcado por invernos rigorosos.
O mais seco de todos os biomas.	Bioma do tipo savana.	Caracterizado por alagamentos periódicos.
Predominância de árvores altas.	Vegetação com diferentes fisionomias, compondo mosaicos.	Clima marcado por verão chuvoso e inverno seco.

12. Caracterize a Caatinga completando as frases abaixo.

- A Caatinga é o principal bioma do Domínio das _____ .

- Esse bioma caracteriza-se por clima _____ .

- As chuvas concentram-se em um curto período de tempo e ajudam a formar a _____ .
Nos períodos de seca, tem-se a _____ .

- Muitos organismos que vivem na Caatinga apresentam adaptações para sobreviver ao longo período de seca. Dois exemplos são: _____
_____ .

13. Identifique o bioma com base na sua localização e complete o organizador com informações sobre ele.

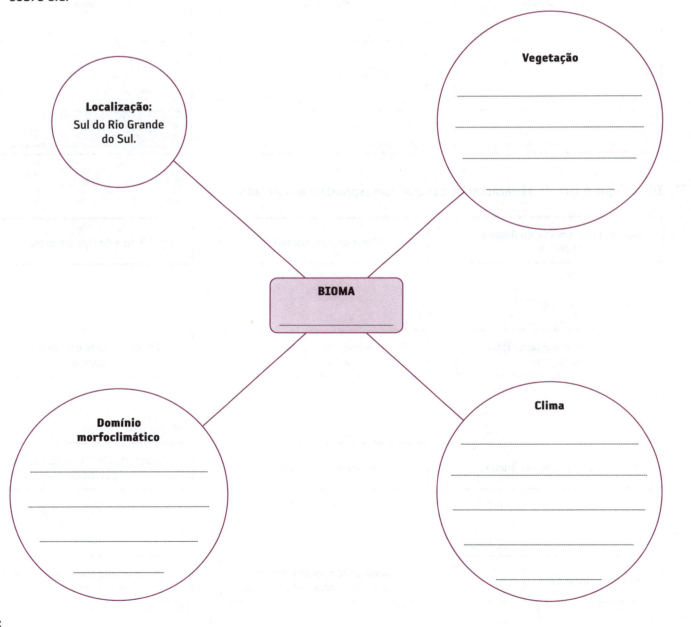

14. O Domínio das Araucárias está entre os biomas brasileiros mais ameaçados. Observe os mapas a seguir e faça o que se pede.

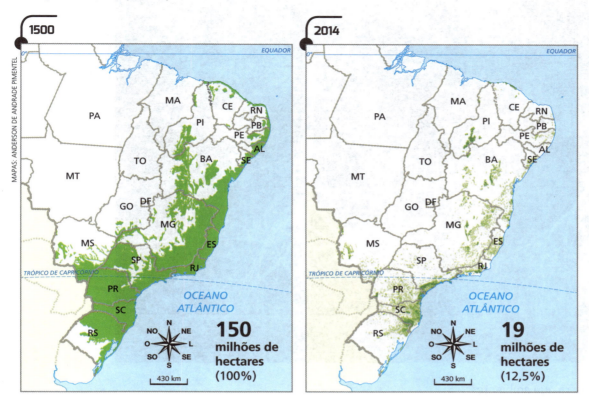

a) Circule o local aproximado onde se encontra o Domínio das Araucárias.

b) Quais foram os principais motivos que levaram às mudanças representadas no mapa de 2014?

_____

_____

15. Caracterize o Pantanal mato-grossense preenchendo o diagrama.

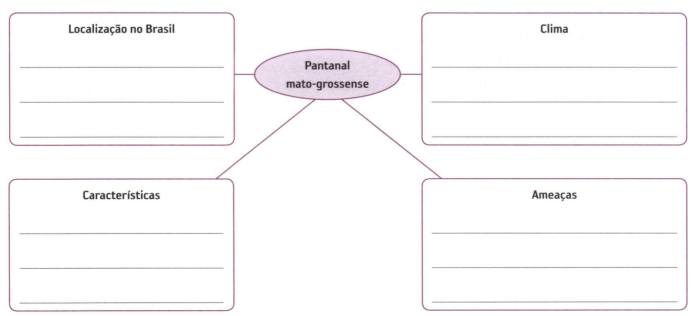

16. Observe a imagem e assinale com um **X** as alternativas corretas.

- A imagem mostra que ambiente?

  (   ) Pampas

  (   ) Pantanal mato-grossense

  (   ) Manguezal

- Esse ambiente corresponde a uma região de transição entre:

  (   ) ecossistemas terrestres e marinhos.

  (   ) diferentes domínios morfoclimáticos.

  (   ) ecossistemas quentes e frios.

- As árvores desse ambiente geralmente apresentam adaptações:

  (   ) para não perder água no período de seca.

  (   ) que lhes permitem se fixar no solo mole do local.

  (   ) para sobreviver ao clima frio.

UNIDADE 7 ATMOSFERA, CALOR E TEMPERATURA

- O ar é uma mistura de diversos gases, como o **gás oxigênio**, **gás carbônico**, **gás nitrogênio** e **vapor-d'água**.

- A **atmosfera** é essencial para a vida no planeta, e se modificou ao longo da tempo.

- O processo de queima é chamado de **combustão**. Para que ele ocorra, são necessários um combustível e um comburente, geralmente o gás oxigênio.

- O **efeito estufa** é um fenômeno natural que está relacionado com a retenção de parte da energia solar por gases atmosféricos, o que permite manter aquecida a superfície terrestre dentro de limites adequados à vida. O **gás carbônico** é um dos gases relacionados a esse efeito.

- **Aquecimento global** é o aumento da temperatura atmosférica que vem acontecendo gradualmente ao longo dos últimos 100 anos. O aquecimento global é causado pela **intensificação do efeito estufa**, em consequência do aumento da quantidade de gás carbônico e de alguns outros gases presentes na atmosfera, chamados de **gases de efeito estufa**.

- Os poluentes, provenientes de ações humanas, combinam-se com o vapor-d'água e o gás oxigênio, formando substâncias ácidas que, dissolvidas na chuva, originam a **chuva ácida**.

- O **gás ozônio** em elevadas altitudes bloqueia parte da radiação nociva emitida pelo Sol. A estrutura formada por esse gás é a **camada de ozônio**.

- **Sensação térmica** é a sensação de temperatura quando alguém encosta em um objeto.

- Na **dilatação térmica**, o volume da maioria dos materiais aumenta quando sua temperatura aumenta, ao passo que, na **contração térmica**, o volume diminui quando sua temperatura diminui.

- As escalas adotadas para medir temperatura são: **Celsius**, **Fahrenheit** e **Kelvin**.

- Temperatura é a medida da **agitação térmica** das **partículas** da matéria.

- Todo movimento pode ser associado a uma forma de energia conhecida como **energia cinética**.

- **Calor** é a energia térmica em trânsito, isto é, a energia que é transferida de um corpo a outro graças à diferença de temperatura entre eles.

- Quando dois corpos em contato atingem a mesma temperatura, podemos dizer que eles estão em **equilíbrio térmico**.

- A **condução térmica** é a transferência de energia cinética entre partículas próximas que apresentam diferença de temperatura.

- Nos líquidos e nos gases, o calor pode se propagar por **convecção**, um processo no qual há deslocamento de matéria de uma região para outra.

- A **irradiação** é a forma de propagação de calor que não depende de um meio material para acontecer.

1. Observe os fenômenos a seguir e classifique-os em naturais ou antrópicos.

2. Complete as frases a seguir e depois preencha a cruzadinha.

1) O gás _____ é indispensável para a respiração de diversos seres vivos.

2) No processo de combustão, os materiais que queimam são chamados de _____.

3) A fonte que fornece energia a partir de uma faísca elétrica ou pequena chama é chamada fonte de _____.

4) O gás _____ é o gás mais abundante na atmosfera.

5) O fenômeno natural chamado efeito estufa está relacionado diretamente ao gás _____.

3. Complete as lacunas no diagrama a seguir.

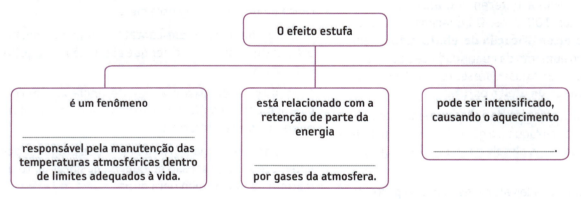

O efeito estufa

é um fenômeno

_____ responsável pela manutenção das temperaturas atmosféricas dentro de limites adequados à vida.

está relacionado com a retenção de parte da energia

_____ por gases da atmosfera.

pode ser intensificado, causando o aquecimento

_____.

4. Leia as frases a seguir sobre a trajetória da radiação solar. Em seguida, relacione-as com as respectivas representações no esquema abaixo.

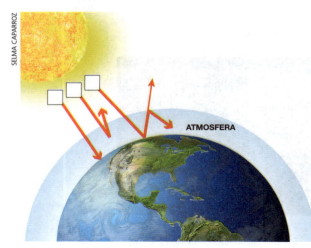

SELMA CAPARROZ

ATMOSFERA

(A) Parte da radiação solar que atravessa a atmosfera terrestre é absorvida pelo solo, pelos rios e oceanos e pelas plantas.

(B) Parte da radiação solar que chega à Terra não é absorvida; ela é refletida pela camada atmosférica.

(C) A superfície da Terra reflete a radiação solar: parte dela retorna à atmosfera, e outra parte fica retida, ajudando a manter a temperatura média do planeta nos patamares atuais.

5. Leia a tirinha e faça o que se pede:

a) Como Magali está contribuindo para diminuir o problema do aquecimento global?

_____

_____

b) Por que essa ação é tão importante?

_____

_____

_____

_____

c) Cite outros exemplos de atitudes para diminuir o aquecimento global.

_____

_____

_____

_____

6. Relacione os termos corretamente:

> Forma-se a partir da liberação de poluentes na atmosfera, como os gases com nitrogênio e enxofre.

Chuva ácida

> Forma-se na atmosfera, em uma região chamada estratosfera.

> Afeta geralmente regiões industrializadas e pode danificar monumentos, estátuas e prédios.

Ozônio

> Absorve boa parte da radiação ultravioleta que vem do Sol.

7. Observe a imagem abaixo e responda às questões.

a) Qual instrumento está presente na imagem? Qual é sua função?

_____

_____

b) Qual é a informação mostrada no painel do instrumento?

_____

_____

c) Qual seria a sensação térmica nesse local?

_____

_____

8. Assinale a alternativa que apresenta uma imagem em que não há referência à energia cinética de uma pessoa. Em seguida, justifique sua resposta.

a)

c)

b)

d)

_____

_____

_____

_____

9. Observe as diferentes formas de propagação de calor representadas e, em seguida, classifique-as em condução térmica, convecção térmica e irradiação.

_____

_____

_____

10. Classifique os materiais que formam os objetos a seguir em condutores ou isolantes térmicos.

(**a**) Condutor térmico   (**b**) Isolante térmico

Rolha de cortiça.

Lata de alumínio.

Xícara de vidro.

Fio de cobre.

RECAPITULANDO

- **Força** é uma ação que provoca ou modifica o movimento de um corpo ou objeto. Sua **intensidade**, sua **direção** e seu **sentido** são representados por setas.

- As primeiras máquinas construídas eram chamadas de **máquinas simples**. Máquinas podem alterar características de uma força que precisaria ser aplicada, facilitando tarefas do dia a dia.

- As **máquinas complexas** são formadas por duas ou mais peças móveis, podendo conter uma combinação de outras máquinas simples.

- Uma **alavanca** é um objeto rígido que é usado com um ponto fixo ou de apoio, aumentando a força aplicada a outro objeto.

- Os principais tipos de alavanca são: **alavanca interfixa**, **alavanca inter-resistente** e **alavanca interpotente**.

- O **plano inclinado** pode ser usado para levar um objeto a um local mais alto com menos esforço.

- A **cunha** é formada por dois planos inclinados. Ela muda a direção da força aplicada.

- A **rosca do parafuso** é um plano inclinado enrolado em torno de um cilindro que pode mudar a direção da força aplicada sobre ele.

- A **força de atrito** se opõe ao movimento entre duas superfícies que estão em contato, mas sua intensidade depende de suas superfícies.

- **Rodas**, **polias** e **engrenagens** são instrumentos que reduzem o esforço necessário para movimentar um objeto.

- As **máquinas térmicas** são capazes de converter energia térmica em mecânica.

- Um corpo em movimento possui **energia cinética**, e, quanto maior for sua velocidade, maior será sua energia cinética.

- Algumas máquinas térmicas emitem poluentes que podem degradar o ambiente e prejudicar os seres vivos.

---

1. Observe a tira, indique a direção das forças e responda qual é a direção e o sentido de cada uma delas.

2. Defina os tipos de máquina, completando as lacunas do diagrama a seguir com as palavras *simples* ou *complexas*.

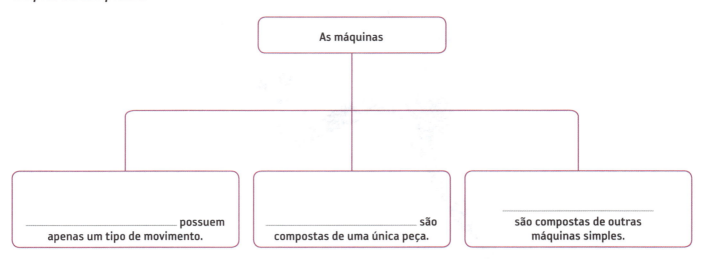

As máquinas

_____ possuem apenas um tipo de movimento.

_____ são compostas de uma única peça.

_____ são compostas de outras máquinas simples.

3. Identifique nas imagens a seguir as máquinas simples e as máquinas complexas.

a)

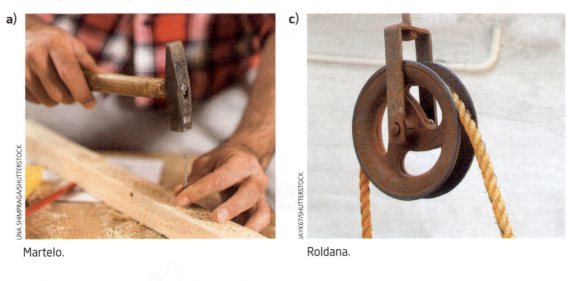

Martelo.

_____

c)

Roldana.

_____

b)

Engrenagens.

_____

d)

Motor com polias e correia.

_____

4. Observe a imagem a seguir e indique com uma seta o sentido da força aplicada na bola de futebol.

GINO SANTA MARIA/SHUTTERSTOCK

5. Identifique o ponto de apoio e as forças potente e resistente nas máquinas a seguir.

ILUSTRAÇÕES: SELMA CAPARROZ

RAUL AGUIAR

RAUL AGUIAR

6. Complete as frases e depois preencha a cruzadinha.

1) O _____ é um plano inclinado enrolado em torno de um cilindro.

2) A _____ é formada por dois planos inclinados.

3) Um dos modelos de máquina simples mais elementar é o _____ .

4) A _____ pode ser uma barra fixa que gira em torno de um eixo fixo.

7. Indique na imagem com uma seta a força de atrito e a força que empurra a caixa.

SELMA CAPARROZ

8. Ligue os elementos da direita às definições da esquerda.

A intensidade da força necessária para elevar um corpo cai pela metade.

Polia fixa

Aumenta a intensidade da força aplicada.

A polia fica fixa a um suporte e não sai do lugar.

Polia móvel

Ao menos uma das extremidades do cabo é fixada em um suporte.

O comprimento de corda a ser puxada é igual à altura que se deseja erguer um objeto.

9. Localizado no Centro Histórico de Salvador, no estado da Bahia, o conhecido "*Plano Inclinado Gonçalves*" é um dos mais antigos da cidade. Esse tipo de bondinho é utilizado para o transporte de pessoas em um plano inclinado e tem como objetivo interligar o bairro do Comércio ao Pelourinho.

Analise a imagem e responda à questão.

JOA_SOUZA/ISTOCK PHOTO/GETTY IMAGES

• Qual é a vantagem da utilização de um plano inclinado?

_____

_____

_____

_____

_____

_____

_____

_____

_____

_____

10. Indique o sentido de rotação transmitido para as engrenagens, mostrando a relação entre as engrenagens **A** e **B**. Qual dessas duas engrenagens gira mais vezes em um mesmo intervalo de tempo?

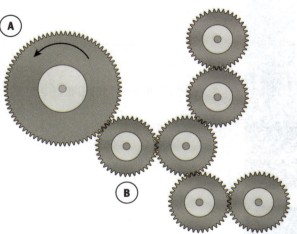

_____

_____

_____

_____

_____

11. Observe a imagem e responda às questões, considerando que o bloco é o mesmo nas duas situações.

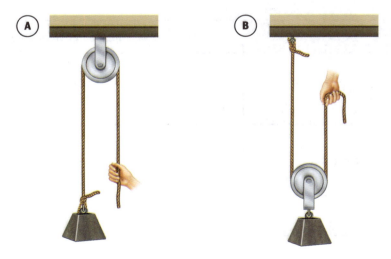

a) Em qual das situações a força utilizada para levantar o bloco foi menor?

_____

b) Qual é a relação entre essas forças?

_____

_____

12. Observe as imagens, leia as frases e preencha as lacunas.

- A locomotiva da imagem é um tipo de máquina com motor a _____.

- A gasolina é um tipo de combustível utilizado em motores acionados por _____.

13. Preencha o quadro a seguir com a transformação de energia que está relacionada com cada ação.

Ação	Tipo de transformação
Esfregar as mãos em um dia frio	
Ferver água em uma panela de pressão	
Esfregar uma lixa sobre uma superfície de madeira	
Aquecer água para mover uma locomotiva	
Engrenagens no motor se aquecem devido ao atrito	

14. Observe a figura a seguir e enumere a sequência das etapas de funcionamento de uma locomotiva a vapor.

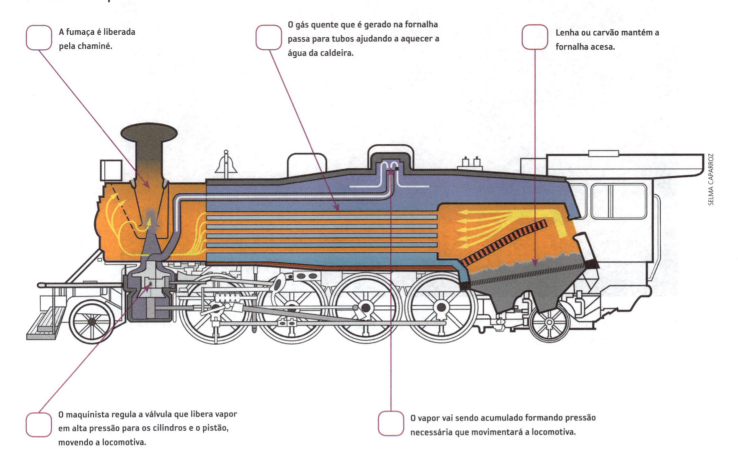

A fumaça é liberada pela chaminé.

O gás quente que é gerado na fornalha passa para tubos ajudando a aquecer a água da caldeira.

Lenha ou carvão mantém a fornalha acesa.

O maquinista regula a válvula que libera vapor em alta pressão para os cilindros e o pistão, movendo a locomotiva.

O vapor vai sendo acumulado formando pressão necessária que movimentará a locomotiva.

SELMA CAPARROZ

15. Encontre os componentes do motor de combustão interna.

A	T	C	D	E	V	V	E	L	A	G
Z	P	S	G	H	Á	K	L	C	Ç	D
W	I	M	P	T	L	M	T	P	R	N
D	S	U	Y	I	V	D	Z	D	G	D
Q	T	C	R	H	U	K	Á	Á	J	Á
S	Ã	Y	C	I	L	I	N	D	R	O
X	O	W	V	G	A	E	Á	Á	S	N
E	H	Q	F	U	W	Q	V	C	L	C
T	E	M	A	N	I	V	E	L	A	S
L	Z	U	W	V	G	D	E	G	Á	W

16. Observe a imagem e responda à questão.

- Como uma máquina a vapor pode gerar tanto ou mais poluição que um motor a combustão? Explique sua resposta.

_____

_____

_____

17. Identifique os tipos de combustível presentes nas imagens a seguir, indicando sua utilização.

_____   _____

_____   _____

_____   _____